BEI GRIN MACHT SICH IHR WISSEN BEZAHLT

AF136930

- Wir veröffentlichen Ihre Hausarbeit,
  Bachelor- und Masterarbeit

- Ihr eigenes eBook und Buch -
  weltweit in allen wichtigen Shops

- Verdienen Sie an jedem Verkauf

Jetzt bei www.GRIN.com hochladen und kostenlos publizieren

Bibliografische Information der Deutschen Nationalbibliothek:

Die Deutsche Bibliothek verzeichnet diese Publikation in der Deutschen National-bibliografie; detaillierte bibliografische Daten sind im Internet über http://dnb.d-nb.de/ abrufbar.

Impressum:

Copyright © 2019 GRIN Verlag
Druck und Bindung: Books on Demand GmbH, Norderstedt Germany
ISBN: 9783346117786

Dieses Buch bei GRIN:

https://www.grin.com/document/514829

Sigrid Vollmann

Die minoische Kultur. Historische Entwicklung, Kultur und Architektur der ersten Hochkultur Europas

GRIN Verlag

Inhalt

Einleitung

Die genaue Datierung der minoischen Zeitabschnitte ist schwierig, da die schriftlichen Zeugnisse noch nicht entziffert werden konnten. (Linear A Schrift). Daher fehlen möglicherweise Teile der Geschichte so z.B. Königslisten etc. Die Datierung kann nur aufgrund der Keramik erfolgen. Keramik, die weiter unten liegt, ist älter als Keramik, die darüber liegt. Auch können unterschiedliche Arten von Keramiken und eine Häufung eben dieser festgestellt werden - auch ein Hinweis, dass diese zeitgleich hergestellt worden sind. Prinzipiell unterscheidet man eine frühminoische, eine mittelminoische und eine spätminoische Zeit. Dies ist eine der gängigen Datierungsmethoden. Eine andere lehnt sich an die ägyptische Chronologie an und trennt in Vorpalastzeit, ältere Palastzeit, Neuere Palastzeit und Nachpalastzeit. Generell dauert die minoische Zeit von 2600 bis 1450.

In Kreta landeten Siedler bereits um 6000 v. Chr. (Neolithikum). Sie siedelten sich in Knossos an und brachten Ziegen, Schafe und Rinder selber mit. Vermutlich kamen sie mit Booten. Unterhalb des heutigen Palastes kann man diese alten neolithischen Strukturen noch erkennen. Die Mauern waren aus Lehmziegeln. Für ca. 3000 Jahre blieben die Lebensgewohnheiten die gleichen bis um ca. 2600 v. Chr. die frühminoische Periode begann. Diese ist vor allem durch die Keramik belegt. Als Leitfossil charakterisieren sich Kannen mit dunkler Bemalung auf hellem Grund heraus. Die Keramik war mit einfachsten Mustern verziert.

Vorpalastzeit:

Die Bevölkerungsdichte nimmt zu. Bronze war in Gebrauch und es wurde zur Herstellung von Waffen benutzt. Neue hierarchische Strukturen entstanden. Dadurch entstanden Bauern, Händler und Handwerker. Oliven und Trauben wurden angebaut. Man wohnt in kleinen Dörfern, die oft einen wehrhaften Charakter haben. Am Ende der Vorpalastzeit ist ein Bevölkerungsrückgang zu verzeichnen. In dieser Zeit herrschen im Süden die Tholosgräber vor, speziell in der Messara Hochebene, während im Norden Höhlengräber zu finden sind, aber auch Hausgräber (Fourni). In der Nekropole von Mochlos kristallisiert sich eine Elite heraus. Die Töpferscheibe wurde eingeführt. Damit wurde die Keramikproduktion beschleunigt. Es wurden eigene Stile gefertigt u.a der Vasiliki Stil oder der weiße Stil. Auch die Gründung der Stadt Myrtos fällt in diese Periode. Es handelt sich um eine Ansiedlung von Handwerkern und Bauern, die in Steinbauten hausen. Myrtos liegt auf einer Felskuppe. Die Siedlung war von Straßen durchzogen, die jedoch eher an Gehwege erinnern. Erstmals kristallisieren sich die unterschiedlichen Dorfvierteln heraus: Wohngebiet, Handwerkervierteln, Speichervierteln sowie sakrale Zentren.

Die Bewohner lebten hauptsächlich von Ackerbau und Viehzucht.

Altpalastzeit (2100-1700):

In der Alten Palastzeit ist die minoische Kultur auf dem Standard der ägyptischen. Die Schrift entsteht sowie Kunsthandwerk und Verwaltung. Handelsbeziehungen über Kreta hinaus sind nachweisbar. Es entwickelte sich die sogenannte Kamares Keramik, die durch dünne Wände und abstrakte Bemalungen gekennzeichnet ist. In der gesamten Ägäis gab es Handelsbeziehungen - dies kann anhand von Linear A Täfelchen, Siegeln etc. archäologisch bewiesen werden. Am Ende der Alten Palastzeit suchte ein Erdbeben die Paläste heim.

Neupalastzeit (1700-1440):

Ab 1700 - der mittelminoischen Zeit - der Zeit des Königs Minos - begannen sich Palastkomplexe auf Kreta herauszukristallisieren. Der Mythos berichtet, dass Minos seine Brüder von der Insel vertrieben hat[1] - möglicherweise ein Hinweis, dass ein einzelner das Reich regierte. In dieser Zeit entstanden unter anderem die Palastanlagen von Knossos und Phaistos. Knossos hat eine Vormachtstellung. Die Paläste haben einen sehr ähnlichen Aufbau: Räume gruppieren sich um einen Zentralhof. Im Erdgeschoß sind es meistens Kulträume und Magazine und im 1. Stock Empfangsräume. Prinzipiell wirken die Paläste labyrinthartig und wirken chaotisch. So fehlt die Symmetrie bei Türen und Fenstern und es gibt auch keine Achse.[2] Die Paläste waren wunderschön verziert und wiesen auch mehrere Eingänge auf, wobei die Eingänge speziellen Zwecken zugeordnet waren z.B. ein Lieferanteneingang, ein Eingang für die Verwaltungsbeamten etc. Auffällig ist auch, dass es in jedem Palast einen speziellen Raum gibt, den es nur in diesem Palast gibt z.B. der Thronraum im Knossos. Bestimmte Räume waren auch in bestimmten Flügeln zu finden (in allen Palästen). So gab es beispielsweise in allen Palästen die minoische Halle. Dies sind mehrere rechteckige Räume, die durch Säulen getrennt sind. Die minoische Halle befindet sich meist im Nordwest- oder Ostflügel. Für was der Raum benutzt wurde, ist ungewiss. In Kato Zakros und in Hagia Triada sind die minoischen Hallen neben den Palastarchiven und könnten somit etwas wie ein Leseraum sein.

In den Palastkomplex inkludiert sind auch Werkstätten für Töpfer und Steinschneider.

Auch das Lustralbecken ist ein Element der minoischen Paläste.[3] Es handelt sich um einen rechteckigen tiefergelegten Raum, der durch Stiegen zu erreichen ist. Abfluss gibt es keinen. Es könnte ein Raum für religiöse Riten gewesen sein.

Es gibt auch gewaltige Speicheranlager.

Die Fassaden der Paläste waren aus behauenen Steinblöcken, Lehmziegeln sowie Holzsäulen. Die Paläste waren zweigeschoßig. Die Geschoße waren mit Treppen verbunden, die man teilweise noch in den Palastanlagen erkennen kann. In Knossos wurden auch Mosaikplatten gefunden, die als "Stadtmosaik" bezeichnet werden. Gezeigt werden Hausfassaden, die oft drei Stockwerke haben, Fenstern mit Fensterläden, einer zentralen Eingangstür und Flachdächern.

Die Bevölkerung war gut organisiert. Neue palastähnliche Gebäude entstanden, die jedoch aufgrund des fehlenden Innenhofes als Villen bezeichnet werden. In der Keramik wurde vermehrt Naturdarstellungen verwendet. Es kam zu einem floralen Stil. Bereits in diesem Zeitraum beginnen Kontakte mit der mykenischen Welt.

Dritte Palastzeit oder Nachpalastzeit (1450-1000):

Ab 1450 sind vermehrt Brände nachweisbar, die die Paläste (ausgenommen Knossos) zerstören. Es tauchen erstmals mykenische Waffengräber auf. Erst um 1350 wurde Knossos zerstört. In der Nachpalastzeit existierte die minoische Kultur unter mykenischer Herrschaft weiter. Unterschiede der beiden Kulturen lassen sich feststellen: Die Siegel dienten in der minoischen Zeit für alle und alle hatten eines, in der mykenischen Welt wurden Siegel nur für die Administration verwendet. zerstörten Paläste wurden aber nicht wiedererrichtet. Um 1200 gab es auch auf dem Festland Zerstörungen und

---

[1] Grant, 283
[2] Schneider, 41
[3] Schneider, 42

Umwälzungen, von denen auch Kreta nicht verschont blieb. Die Mykenisch-minoische Kultur ging um 1050 unter. Die Ursachen dafür sind noch unklar.

Minoisches Reich:

Wichtig ist, dass es nicht den minoischen Staat gab (im Sinne von das römische Reich oder das ägyptische Reich), sondern es gab einige Paläste, die sich Kreta aufgeteilt hatten, miteinander handelten und im Austausch standen und die natürlich trotz einiger gemeinsamer Bauelemente von den sozialen Hintergründen und Strukturen individuell waren. Da es in Kreta keinerlei Befestigungsmauern gibt, jedoch das einheitliche Element in den Palästen zu finden ist, kann von einer friedlichen Koexistenz dieser Zentren nebeneinander ausgegangen werden.

Ein Palast war ein administratives-sakrales Zentrum, das für die Aufzeichnung der Abgaben verantwortlich war. Es war jedoch eher unwahrscheinlich, dass alles im Palast gelagert werden konnte. Auch fehlen monumentale und herrschaftliche Anlagen.[4] Möglicherweise ist der Palast daher falsch betitelt worden, sondern ist vielmehr ein großes Verwaltungszentrum.

Theorien über den Untergang:

Spyridon Marinatos geht davon aus, dass der Vulkanausbruch der heutigen Insel Santorin um 1500 die minoische Kultur mächtig in Mitleidenschaft gezogen hat. In der Folge des Vulkanausbruches kam es zu Tsunamis, die ganze Küstenabschnitte zerstörten und daher auch zur Stilllegung der Flotte führten. Zur Zeit des Ausbruches des Vulkanes kann vor allem noch eine Bautätigkeit und Keramikherstellung nachgewiesen werden.

Eine andere Theorie besagt, dass Santorin ein wichtiger Handelsstützpunkt Kretas war, da man nachts nicht fahren konnte und es die einzige Insel am Weg nach Athen ist, die in einer Tagesreise von Kreta entfernt zu erreichen war. Somit mussten sich die Kreter Alternativrouten überlegen, was den Handel und die Handelsverbindungen maßgeblich beeinflusste. Jedoch gab es auch Handelsbeziehungen zur Levante und nach Ägypten, Kreta wäre demnach nicht völlig isoliert gewesen.

Kunst:

Die ältesten Plastiken sind Idole. Es handelt sich um Weihgaben. Die männlichen Figuren nehmen eine strenge Haltung ein, die Arme sind vom Körper weggespreizt, so dass die Faust auf der Brust zu liegen kommt. Sie tragen einen Schurz, sonst sind sie nackt. Die Frauen haben erhobene Arme, tragen gegürtete Röcke, die Brüste sind unbedeckt. Die Gesichtszüge sind nicht individuell.

Die Elfenbeinstatue eines Akrobaten zeigt, dass die minoischen Künstler auch Bewegungsabläufe darstellen konnten. Möglicherweise gehört er zu einer Figurengruppe und stellt einen Stierspringer dar [5] wie sie auch auf Wandmalereien in Knossos belegt sind. Dabei läuft man auf den Stier zu, packt ihn an den Hörner und katapultiert sich über den Rücken des Tieres.

Auf einem Goldblech, das den Schwertknauf eines Schwertes bildet und in Malia gefunden worden ist, ist ebenso ein Athlet dargestellt. Er nimmt das gesamte Goldblech ein, so dass sich Zehenspitzen und Kopf berühren.

In Malia fand man auch ein Ohrgehänge, das zwei sich einander zugewandte Hornissen aus Gold zeigt.

---

[4] Schneider, 45
[5] Griechische Kunst, 50

Drei Scheiben mit Granulatverzierung sind angebracht. Man konnte daher schon dünne Drähte zu grazilen Objekten formen und granulierte sie durch Löten zu Kugeln. Goldfunde sind jedoch in den Palästen Kretas eher sehr selten.

Auch Siegel wurden verwendet. Ursprünglich in den Materialien Knochen, Speckstein und Elfenbein, aber auch Bergkristall, Jaspis, Achat und Karneol.

In der Periode nach der Zerstörung finden sich einige Terrakotta Statuetten, die eine Göttin darstellen. Die Hände sind erhoben und die Frisur ist auffallend kunstvoll. Teilweise sind die Statuetten bis zu 77 cm groß.

Wandmalereien:

Seit 2500 wurden Räume durchgehend rot bemalt. In den Palästen fanden sich figürliche Wandmalereien. Älteste Beispiele sind in die Zeit um 1700 zu datieren. Bemerkenswert ist die Darstellungen von Bewegungsabläufen u.a. bei den Wandmalereien zum Stiersprung. Die Malereien sind oft überdimensional.

Die größten Gruppen von Wandmalereien gibt es aus Knossos. Die Fresken wurden auf feuchten Kalkputz aufgetragen, wobei der Kalkputz aus heimischen Gesteinen hergestellt worden ist. Prinzipiell wurde eine ca. 1,5 Meter dicke Kalkputzschicht als Grundierung aufgetragen und danach nochmals eine nicht so dicke Schicht, auf die dann die Fresken aufgetragen worden sind. Die Wandmalereien waren bunt, wobei die Farben aus diversen Mineralien hergestellt worden sind. Rot wurde aus eisenhältiger Erde gewonnen, Gelb aus Gelbocker, Schwarz aus Kohle. Auch blau konnte man herstellen und zwar aus einer Mischung von Silikon, Kupferoxid und Kalziumoxid. Die Herstellung ist aus Ägypten bekannt.

Generell wurden Männer mit einer roten Hautfarbe dargestellt und Frauen mit einer weißen, wobei dies nicht immer stimmt. So werden teilweise junge Männer beim Stiersprung auch mit weißer Farbe dargestellt.

Bei den Wandmalereien und auf den Vasendarstellungen fehlen kriegerische Darstellungen.

Keramik:

Keramik wurde hauptsächlich aus heimischen Gesteinsarten wie Schiefer, Serpentin, Speckstein, Alabaster oder Breccie hergestellt[6]. Zur Herstellung verwendete man Bohrer aus Kupfer. Auch ein Schleifpulver war bekannt. Damit konnte man Gestein aushöhlen. Es wurde die Faserung des Gesteins als Verzierung verwendet. Zu den charakteristischen Kannenformen zählen langschnauzige Kannen und henkellose Tassen. Marmor wurde dabei imitiert, indem man eine rotbraune Grundierung auftrug und einen glühenden Stock auf das noch nicht abgekühlte Gefäß hielt.

Ein weiterer Typ ist die sogenannte Eierschalenware. Dabei wurden die Tassen mit weißen Halbkreisen geschmückt, die in mehreren Streifen übereinander zu finden sind. betrachtet man andere Keramikarten, dann sieht man auch dort eine Wiederholung gleicher Motive oder eine Verknüpfung mehrerer Muster miteinander.

In der Spätminoischen Zeit sind zuerst florale Stile vorherrschend, danach der Meeresstil.

---

[6] Griechische Kunst, 32

Innerhalb der Paläste gab es eigene Werkstätten, um die Zentralisierung zu fördern.

Die kretische Kultur erstreckt sich bis auf die Kykladen und in das Mutterland. So kann man beispielsweise auf Akrotiri (=Santorin) eine Vermischung aus kretischen und kykladischen Elementen feststellen.

Religion:

Die Religion Kretas geht von den Bestattungsriten aus. So wurden beispielsweise einige Figurinen, Rhyta und Doppel Äxte in den Gräbern gefunden. Die Labrys (=Doppelaxt) war rein kultischer Natur und konnte oft mannshoch sein. Sie wurde auch von Priesterinnen für Zeremonien verwendet und war das heiligste Symbol der Kreter. In Kreta wird die Doppelaxt hauptsächlich in der Hand von Frauen – Priesterinnen – abgebildet. Die beiden Schneiden der Doppelaxt sind gerundet. Es gibt zwei gebräuchliche Interpretationen. Die eine besagt, dass es ein Symbol der zunehmenden und abnehmenden Mondsichel sei.[7] Eine weitere Interpretation will in der Doppelaxt ein Symbol der Muttergöttin sehen.[8]

Die Religion der minoischen Welt ist eng einerseits mit Zeus verbunden, der die phönizische Prinzessin Europa entführt und nach Kreta gebracht hat. Außerdem wuchs Zeus auf der Insel Kreta auf. Zeus wurde von seiner Mutter, Rhea, in der Höhle auf Kreta versteckt, da ihr Mann – Kronos – all seine Kinder bei lebendigem Leibe aß, um einer Prophezeiung, dass er von seinem jüngsten Sohn entmannt werden sollte, zu entkommen. Als Zeus geboren wurde, gab Rhea ihrem Mann einen Stein zu essen. So wurde Zeus in der Höhle auf Kreta versteckt, wo sich Nymphen und Kureten um ihn kümmerten. Er wurde mit der Milch einer Sau genährt und wenn er schrie, schlugen die Kureten mit ihren Speeren gegen die Schilde, damit Kronos das Schreien seines Sohnes nicht zu hören bekam.

Andererseits ist der Stier das heilige Tier der Kreter. Zeus entführte die phönizische Königstochter Europa als Stier verkleidet – unter einer Platane im heutigen Gortys gab sie sich ihm hin und gebar ihm drei Söhne: Sarpedon, Rhadamantys und Minos. Verbunden mit diesem Sagenkreis ist der Sagenkreis zur Gründung der Stadt Theben, da die Brüder von Europa – einer davon war Kadmos – auszogen, um ihre Schwester zu suchen.

Ein weiterer Stier-Bezug findet sich im folgenden Mythos:

Auf Kreta – in Knossos – verliebte sich die Frau des Königs Minos – Parisphae – in einen Stier. Um sich mit ihm vereinigen zu können, wurde ihr ein hölzerner Stier gebaut, in dem sie sich versteckte. Es kam wie es kommen musste, Parsiphae wurde schwanger und gebar ein Ungeheuer – halb Mensch halb Stier – den Minotaurus. Dieser wurde in Knossos in ein Labyrinth gesteckt und fraß nur Jungfrauen und junge Männer. Da Athen zu dieser Zeit von Knossos abhängig war, mussten die Athener alle 7 Jungfrauen und 7 junge Männer nach Knossos schicken[9]. Dem wollte Theseus – der Königssohn von Athen- ein Ende bereiten und segelte nach Kreta. Wenn er lebend zurückkam, sollte er auf seinem Schiff, ein weißes Segel hissen. Das älteste Zeugnis, das uns über diesen Mythos berichtet, ist Plutarch. Auch andere Schriftsteller bestätigen ihn, nur variiert die Zahl der Männer und Frauen, die nach Knossos gebracht wurden. Auf Kreta verliebte sich die Königstochter Ariadne in ihn, die ihm riet, einen Faden abzurollen, wenn er in das Labyrinth ging, um den Weg wieder herauszufinden. Die Idee hatte

---

[7] Graves, 269
[8] Gimbutas, 131-150
[9] Grant, 285

sie vom genialen Erfinder Daidalus, der sowohl den Stier für Parisphae als auch das Labyrinth für den Minotaurus gebaut hatte. Das machte er auch und als Dank nahm er Ariadne mit nach Athen, setzte sie aber auf Naxos aus, wo Ariadne dann dem Dionysos begegnete. Obwohl Theseus siegreich zurückkehrte, vergaß er das weiße Segel zu hissen, woraufhin sein Vater sich von der Akropolis in das Meer stürzte[10], das heute auch nach ihm benannt ist: das ägäische Meer. Über die gesamten Abenteuer des Theseus gibt es die meisten bildlichen Darstellungen vom Minotauruskampf, was nicht weiter verwunderlich ist, denn ein Zentrum der Vasenkunst war Athen. Durch die Tötung des Minotaurus wurde Athen von den Tributzahlungen befreit und somit wurde diese Heldentat natürlich vermehrt auf den Vasen dargestellt. Aufgrund der Vasendarstellungen weiß man auch, wie der Minotaurus aussieht. Er hatte einen menschlichen Körper und einen Stierkopf. Möglicherweise war er behaart und hin und wieder hatte er auch einen Stierschwanz. Der Minotaurus Kampf ist auch bei den Etruskern sehr beliebt. Die Etrusker stellten im Gegensatz zu den Griechen immer sehr blutrünstige Szenen dar. Bei dem Minotauruskampf waren immer geflügelte Dämonen anwesend und hin und wieder sieht man auch, dass Minotaurus während dem Kampf seine Opfer verschlingt.

Aufgrund der zahlreichen Verbindungen mit dem Stier, ist der Stiersprung in zahlreichen Fresken auf den Palastwänden dargestellt. Oft sind auch Zuschauer zu sehen. Möglicherweise handelt es sich um einen Akt, um vom Jungen zum Mann zu werden.

Für die Verehrung der Götter bevorzugte man Gipfelheiligtümer, die meist nur aus einem Altar bestanden, und Kulthöhlen.

Gipfelheiligtümer waren nicht immer am höchsten Gipfel, sondern in der Nähe einer größeren Stadt, mit der sie in Verbindung standen. Bekannt sind 37. In diesen Gipfelheiligtümern wurden nicht nur Figurinen gefunden, sondern auch teilweise Nachbildungen von Körperteilen.

Bekannt sind Gipfelheiligtümer u.a. am Jouchtas oder am Profitis. Berge galten als beliebter Aufenthaltsort der Götter. Oft bilden Gipfelheiligtümer einen eigenen kultischen Bezirk (Temenos). In der Zeit zwischen 1600 und 1450 wurden die Gipfelheiligtümer nicht weiter erneuert oder erbaut, sondern die religiösen Zentren verlagerten sich in die Paläste oder die noch bestehenden Gipfelheiligtümer.[11] So wurde beispielsweise der Berg Jouchtas mit Knossos verbunden.

Vereinzelt findet sich auch direkt bei der Palästen Heiligtümer. Ein solches wurde im Palast von Phaistos gefunden. Es handelt sich um drei Räume, die durch Bänke und Löcher für Opfergaben und Opfertische gekennzeichnet sind.

Es gab auch Höhlen, in denen Gottheiten verehrt worden sind z.B. Eilytheia Höhle, Kamares Höhle etc. Die Höhlenheiligtümer waren trotz Errichtung eigener Palastheiligtümer weiterhin in Benutzung. Speziell die beiden Zeushöhlen weisen eine starke Konzentration von Votivgaben auf.

In der Zeit von 1450 bis 1220 übernahmen die Minoer die olympischen Götter von den Griechen, die Verehrung der alten Götter blieb jedoch parallel dazu bestehen. Spannend ist die Tatsache, dass die Kreter daran glaubten, dass das Grab des Zeus am Profitis Ilias ist und Zeus jedes Mal durch Blitze wieder zum Leben erweckt wird. Der Profitis Ilias stellt auch das Gesicht des Zeus dar.

Freistehende Tempel gibt es bisher nur in Malia und in Anemospilia, wo ein Menschenopfer

---

[10] Grant, 403
[11] Fitton, 89-92

nachgewiesen werden konnte. Da es unmittelbar danach zur Zerstörung des Tempels aufgrund eines Erdbebens kam, wurde das Menschenopfer erhalten.[12]

Auf einem Sarkophag in Agia Triada wird ein Bestattungsritual dargestellt. Es werden Tiere und Früchte als Opfergaben herbeigetragen und auf dem Altar niedergelegt. Eine Flüssigkeit wird von einem Gefäß in das andere geschüttet. Auch der Tote ist dargestellt: vor einem mit Doppelhörnern bekrönten Heiligtum. Er nimmt die Opfertiere in Empfang.

Speziell bei religiösen Festen sind vorwiegend Frauen abgebildet. Da Tempel oder Gebäude zur Götterverehrung fehlen, ist der Tanz in Ekstase ein wichtiger Bestandteil.

Ein wichtiger Bestandteil der minoischen Religion ist eine Schlangengöttin. So fand sich im Palast von Knossos eine Statue einer Frau in typisch weiblicher minoischer Tracht, in deren erhobenen Händen sie Schlangen hält. Zusammen mit der Statue wurden Keramikgefäße, ein Opfertisch, Nachbildungen von Kleidern für die Göttin und eine Vielzahl an Nachbildungen von Früchten, Muscheln, Fischen etc. gefunden. Sie ist somit nicht nur die Göttin der Schlangen, sondern auch des Meeres. Damit würde sie alles abdecken. Selbstverständlich wird es daneben noch eine Vielzahl von anderen Gottheiten – auch männlichen – gegeben haben. Männliche Gottheiten nehmen eher den Platz von Tierbändigern oder im Zusammenhang mit der Jagd ein.

Man geht auch von einem Fruchtbarkeitskult aus, da viele weibliche Idole, deren Brüste gepierct sind, um als Rhtyon benutzt zu werden, gefunden wurden.

Die Gottheit konnte nach Beginn eines bestimmten Rituals den Menschen in menschlicher Form erscheinen als Vision. Oder aber die Priesterin konnte die Rolle der Göttin übernehmen. Epiphanien mussten nicht in Gebäuden oder Räumen stattfinden, diese waren auch in der freien Natur möglich. In der minoischen Kunst ist das Sammeln von Krokusblüten oft dargestellt – möglicherweise ist es im Zusammenhang mit der Vorbereitung auf eine Epiphanie zu sehen.

Bevölkerung:

Bereits Homer[13] beschreibt Kreta als eine Insel mit unterschiedlichsten Bewohnern: Achäern, Dorern und Pelasgern. Er gesteht der Insel 90 Städte zu, nennt jedoch nur Knossos. In der Ilias nennt er weitere Städte und zwar Gortyn, Lyktos, Milet, Phaistos, Lykastos und Rhytion.

Um sich ein genaueres Bild über die Minoer zu machen, wurden zahlreiche Skelette untersucht. Die Männer waren im Durchschnitt 35 Jahre und die Frauen 30 Jahre alt. Die durchschnittliche Größe war bei Männern 1,67 m und bei Frauen 1,55 m. Hinweise auf grobe Ernährungsmängel fehlen, jedoch gibt es Hinweise auf Anämien, die oft im Zusammenhang mit Unterernährung auftreten, jedoch auch häufig in Malariagebieten zu finden sind.[14]

Auf den Idolen und auf den Wandmalereien lassen sich folgende Bekleidungsarten feststellen: die Männer tragen eine Kniehose, die zwischen den Beinen durchgeführt und mit einem Gürtel gehalten wird. Es gab aber auch bereits den minoischen Rock bei den Männern.

---

[12] Fitton, 92
[13] Hom. Od. XIX, 172-179
[14] Fitton, 92

Frauen tragen einen langen Rock sowie ein Mieder, das jedoch vorne geöffnet ist. Die Röcke haben eine Glockenform.

Kretische Schrift:

In Kreta gab es bereits im Neolithikum ein einfaches Schriftsystem, die sogenannte Archanes Schrift. Um 2000 v. Chr. Entstand die hieroglyphische Schrift mit 96 Silben und 32 Ideogrammen. Abgelöst wurde diese Schrift von der noch immer unentzifferten Linear A Schrift, die von der Linear B Schrift abgelöst worden ist. Diese ist bereits entziffert worden.

Die in Kreta und teilweise in der Ägäis verwendete Schrift gehört den altmediterranen Sprachen an.

Diskos von Phaistos:

Dieses Fundstück wird in die Zeit von 1700 bis 1600 (mittelminoisch) datiert. Der Diskos ist rund und variiert in seinem Durchmesser. Der größte Durchmesser ist 16,5 cm. Der Diskos ist bis zu 2 cm dick. Das Material ist Ton. Der Diskos trägt sowohl innen als auch außen streifenförmiger Verzierungen aus Pflanzenmotiven, Menschen, abstrakten Motiven oder Tiermotiven. Insgesamt finden sich 241 Verzierungen. Die Verzierungen sind in Gruppen unterteilt, es gibt zwischen den Gruppen Trennstriche. Die längste Gruppe besteht aus 7 Verzierungen, es gibt aber auch welche mit nur 2. Die Zeichen werden von rechts nach links gelesen.

Die Zeichen kommen unterschiedlich oft vor. Insgesamt gibt es 45 unterschiedliche Zeichen. Man geht davon aus, dass die Symbole nicht mit der Hand eingeritzt worden sind.

Ob die Zeichen von rechts nach links oder von links nach rechts gelesen und somit auch geschrieben werden, ist ungewiss, da keine der beiden Varianten schlüssig ist.

Ob die Beschriftungen gleichzeitig angebracht worden sind oder zuerst die eine Seite und dann die andere Seite, kann nicht mit Sicherheit geklärt werden. Es gibt beide Theorien. Wenn man zuerst die eine Seite bedruckt und dann die andere, würde es dazu führen, dass die untere Seite wieder verwischt. So müsste man diese zuerst brennen, damit sie als stabile Unterlagen für das Stempeln der zweiten Seite dient, müsste dann aber, dadurch dass sie zwei Mal gebrannt wird, dunkler sein.

Eine weitere Theorie besagt, dass die Scheibe aus zwei Tonlagen hergestellt wurde, die an einander gefügt worden sind.

Möglicherweise wurde die Scheibe ohne Verzierung vorgebrannt und danach auf jeder Seite eine weiche Tonschrift mit Schriftzeichen aufgetragen und fertig gebrannt.

Außenbeziehungen:

Thukydides[15] berichtet von einer Thalassokratie – einer Herrschaft über die Meere, die Minos als erster innegehabt haben soll. Das gleiche wird jedoch auch von den Phöniziern gesagt, die zumindest teilweise parallel agiert haben.

Einige Inseln standen unter minoischem Einfluss so etwa Santorin, Rhodos und Melos. Ob es sich dabei um Handelsstützpunkte oder Kolonien gehandelt hat, kann nicht mehr gesagt werden.

Selbstverständlich gab es auch Handelsbeziehungen nach Ägypten und nach Mesopotamien. So beklagt

---

[15] Thuk. 1, 4

beispielsweise ein ägyptischer Weiser, dass es kein Zedernholz mehr von Kreta bekomme.[16] Im Palast von Mari am Euphrat wurden Tafeln gefunden, die einen Ort namens Kaptara nennen, von dem Güter bezogen worden sind. Kaptara ist mit Kreta gleichzusetzen.[17] Konkret wird eine Metallwaffe mit Einlegearbeiten und ein Paar Lederhandschuhe sowie Textilien genannt. Sie werden als Geschenke aus Kreta vom König von Mari an Hammurabi von Babylon bezeichnet. Somit könnte es sich um die typischen Fürstengeschenke handeln, die zu dieser Zeit üblich waren.

In Ägypten fanden sich neben den kretischen Keramikgefäßen und Zedern auch Dolche. Auch die minoische Kunst und der Stiersprung fanden Einzug nach Ägypten. Im Nildelta in Tell el-Daba fand man ein ebensolches Fresko.[18]

Die Handelsrouten verliefen über Thera (=Santorin), Melos und Kea zum Festland, über Karpathos und Rhodos nach Milet in der heutigen Türkei.

Kretische Keramik wurde auch in Ägypten und Byblos gefunden. Es handelt sich dabei um Becher oder Schnabelkannen.

Landhäuser:

In der späten Palastzeit entstanden sehr viele Landhäuser, die sich in Größe und Aufbau ähneln. Sie waren für die Lagerung von Produkten verantwortlich und übernahmen oft auch administrative Aufgaben. Vermutlich handelt es sich um Häuser einer regionalen Elite.

Paläste und Städte:

Knossos:

Knossos ist die größte Stadt der Minoer oder der minoischen Kultur auf Kreta. Benannt wurde sie nach dem mythischen König Kretas: Minos. Evans grub im 19. Jahrhundert Knossos aus und ließ es großteils originalgetreu wiedererrichten. Der Platz von Knossos war vorgegeben, da es auf einem Plateau lag, das von einer Schlucht umschlossen wird. Die Häuser waren meist mehrgeschossig. Von einem Geschoß zum anderen kam man durch Treppen. Die Häuser waren meist um einen Innenhof gebaut – die Lichtquelle des Hauses. Alles war bemalt. Knossos fasste ca. 15.000 – 50.000 Einwohner.

Der Palast war labyrinthartig, wodurch sich wieder eine Verbindung zur Mythologie herstellen lässt. Parsiphae, die Frau König Minos, verliebte sich in einen Stier, mit dem sie ein Kind zeugte: den Minotaurus. Dieser war ein menschenfressendes Ungeheuer und wurde in einem Labyrinth eingesperrt. Die Mitte bildet ein großer Hof. Der Thronsaal ist auch noch erhalten.

Thronsaal:

Die Wände waren mit Fresken verziert. Entlang der Wände finden sich Steinbänke. Auf einer Seite findet sich der Thron. In der Mitte des Raumes ist ein Porphyr Becken aufgestellt gewesen. Es muss jedoch dazu gesagt werden, dass dieses Becken eigentlich in einem anderen Raum gefunden worden ist und nur von Evans hierhergebracht wurde, damit sich Gäste des Königs hier reinigen konnten. An den Thronraum angrenzend ist ein weiterer Raum. Die Fresken an den Wänden zeigen Greifen und Pflanzenmotive. Beides lässt auf ein Heiligtum schließen – so Schneider. Er begründet seine Aussage damit, dass es auf Thera ein Fresko gibt, in dem eine Göttin in einer Landschaft umgeben von Greifen

---

[16] Schneider, 46
[17] Finley, 86
[18] Schneider, 47

Krokuspflanzen entgegennimmt. Vermutlich handelte es sich daher nicht um einen Thronsaal, sondern um einen Raum, in dem sich die Epiphanie einer Göttin vollzogen hat. Umziehen konnte sich die Priesterin dafür im Nebenraum.

Gegenüber dem Thron fand man eine Treppe, die nach unten führt. Das findet man mehrfach in Palästen. Entweder ist dies ein kultisches Phänomen oder aber der Thron befand sich wirklich am höchsten Punkte des Palastes und darunter wohnte oder lebte man.

Man fand auch ein WC mit antiker „Wasserspülung". Für die Spülung sorgte ein Bassin, in dem Regenwasser war. Das Regenwasser wurde durch in die Mauer eingebaute Schächte abgeleitet.

Der westliche Bereich des Palastes ist einerseits durch kultische repräsentative Räume und durch große Magazinräume gekennzeichnet. Im Westen liegt ein gepflasterter Hof, der sogenannt Westhof. Dieser war kultischen Feierlichkeiten vorbehalten, davon zeugen einerseits die Kouloures, Abfallgruben für Tierknochen und andererseits die Prozessionsstraße, die von Altären flankiert war und direkt auf den Prozessionskorridor führt. Wohin dieser führt, kann aufgrund des abfallenden Geländes nicht mehr beurteilt werden.

Der Ostflügel war teilweise fünfstöckig und gliedert sich in Wohnräume und Werkstätten. Der Wohntrakt war gegenüber dem Hof abgeriegelt, nur die Werkstätten konnten über den Hof betreten werden. Die Stockwerke waren durch Treppenhäuser miteinander verbunden, wobei hier gerne der Chiaroscuro Effekt angewandt wurde: dunkle Gänge münden in helle Räume.

Heute kann der Wohntrakt selbstverständlich vom Hof aus betreten werden. Zuerst kommt man zum Megaron der Königin. Beweise, dass es sich wirklich um ein solches handelt, gibt es nicht, da nur die niedrigen Bänke und das Vorhandensein eines Bades sowie einer Toilette mit Wasserspülung keine ausreichenden Beweise sind. Möglicherweise ist das Megaron der Königin daher ein Vorraum oder Nebenraum des Megarons des Königs, das sich daneben befindet. Auch das Megaron des Königs kann nicht eindeutig als solches identifiziert werden, da jegliche Herrscherinsignien fehlen. Jedoch wurden Reste von verkohltem Holz gefunden, ein Beweis – so Evans – dass hier ein Thron gestanden haben soll.

Das Erdgeschoß umfasst 300 Räume, insgesamt auf allen Etagen verteilt 1000 Räume. Die Eremitage hat beispielsweise 350 Räume und Versailles hat 288 Räume.

Auffällig ist, dass für den Bau des Palastes unterschiedliche Materialen verwendet wurden - abhängig um welche Art von Raum es sich handelte. Wichtige Räumlichkeiten wurden aus sehr großen Steinquadern errichtet, die übrigen Mauern sind aus kleineren Quadern oder Feldsteinen erbaut. Der Großteil der Wände war verputzt und verziert, das Obergeschoß bestand meist aus Holz. Die Fußböden sind aus farbigen Steinplatten. Es gab auch Holzwandvertäfelungen.

Insgesamt erstreckt sich der Palast von Knossos auf 24.000m².

Knossos Stadt:
Die Stadt erstreckt sich in unmittelbarer Nähe des Palastes – dies unterscheidet die Stadt Knossos von den anderen Städten, die sich rund um die Paläste bildeten. Zu nennen ist beispielsweise die königliche Villa an der Nordwestecke des Palastes oder der kleine Palast an der Westseite. Dieser Palast hatte an der Ostseite eine Veranda sowie ein Advton an der Westseite.

Noch weiter westlich wurden einige Häuser entdeckt, die Kalkbrennöfen aufweisen. In einem dieser

Häuser wurden die Knochen von zwei kleinen Kindern im Alter von 8 und 12 Jahren gefunden. Messerspuren zeigen, dass das Fleisch von den Knochen entfernt worden ist. Einige Knochenreste wurden gemeinsam mit essbaren Schnecken in einem Topf gefunden, was den Ausgräber Peter Warren dazu veranlasste, von Kannibalismus zu sprechen.[19]

Um 1450, dem Beginn der mykenischen Herrschaft, wurden einige Häuser in Knossos Stadt durch ein Feuer zerstört.

Das Gebiet, über das Knossos regierte, erstreckte sich vom Psiloritis Massiv im Westen bis zur Messara Hochebene im Süden und der Lasithi Hochebene im Osten.

In diesem Gebiet liegt auch der Ort Archanes mit einigen minoischen Gebäuden. Aber noch beeindruckender ist der Friedhof in Fourni. Die Nekropole liegt oberhalb der minoischen Stadt Archanes und war auch wie eine Stadt angelegt: mehrstöckige Häuser, Gassen etc. Es handelt sich aber nicht nur um eine reine Totenstadt, sondern es sind auch Gebäude nachweisbar, in denen gewebt und gekeltert worden ist. Die Gräber sind hauptsächlich Tholos-Gräber und die reichen Funde zeigen eine hierarchische Einwohnerstruktur.

Anemospilia:
An einem Ost-West Korridor sind drei Räume angeschlossen, die von Norden nach Süden ausgerichtet und nicht miteinander verbunden sind. Das Gebäude erstreckt sich insgesamt auf 15 Metern. Es ist somit sehr klein. Im Korridor fanden sich über hundert Keramikgefäße sowie Pithoi für die Aufbewahrung von Lebensmittel. Es wurden auch Knochen von Schafen, Ziegen und Stieren gefunden in einer solchen Anzahl, dass man von Opfertieren sprechen kann.

Der mittlere Raum wird durch eine Doppeltür betreten und darin befindet sich ein Becken – möglicherweise für die rituelle Reinigung.[20] Die Stufen sind vermutlich Relikte eines Altares. Im hinteren Teil des Raumes lassen sich agrarische Produkte finden. Möglicherweise befand sich hier eine Kultstatue, da auch zwei Terrakottafüße ausgegraben worden sind.

Im westlichen Raum wurden drei Skelette in situ gefunden. Die Lage der Skelette lässt auf einen unnatürlichen Tod schließen. Das erste Skelette gehört zu einem 18 jährigen jungen Mann, der auf seiner rechten Seite auf der Plattform lag. Sein Gesicht ist nach Osten gewandt. Die Beine waren gebeugt und die Füße berühren die Oberschenkel. Dies ist eine sonderbare Haltung der Beine. Anthropologen sehen darin, dass der Mann gefesselt war. Eine 40 cm Lanzenspitze lag quer über dem Skelett. Sie hatte einen kurzen Griff und zwei Löcher. Neben der Plattform war eine Säule mit einem Gefäß, um das Blut von Opfern aufzufangen. Die Anthropologen haben festgestellt, dass der junge Mann starb, da er eine Unmenge an But verloren hatte.

Das zweite Skelett ist von einer 28 jährigen Frau. Sie liegt am Bauch, die Beine sind gespreizt und die rechte Hand liegt am Kopf. Das dritte Skelett ist das von einem ca. 47 jährigen Mann, der auf dem Rücken liegt, sein rechtes Bein ist ausgetreckt, das linke angewinkelt. Sein Körperbau ist zart, der Gesundheitszustand sehr gut. Seine Position ist charakteristisch für jemanden, dem eine Last auf den Kopf fällt, da diese Person versucht, seinen Kopf nach hinten zu reißen und die Arme zu heben, um den Kopf zu schützen. Seine Füße waren gebrochen. Am kleinen Finger des Mannes wurde ein Ring

---
[19] Fitton, 121
[20] Fitton, 90

gefunden, der einzige minoische Ring, der je am Finger seines Besitzers gefunden worden ist.

In der Vorhalle fand man ein weiteres Skelett – eines Opferdieners.

Möglicherweise fand in diesem Gipfelheiligtum eine Menschenopferung statt, die durch ein Erdbeben unterbrochen worden ist, weswegen auch die Priester dem Tod zum Opfer fielen.

Zum Gebiet von Knossos gehören auch die Villen in Tylissos. Es handelt sich um drei Gebäudekomplexe aus der Zeit um ca. 1700 v. Chr. Gefunden wurden Votivbeigaben, Bronzekessel und Linear A Täfelchen. Der Ort hatte somit sowohl religiöse als auch administrative und wirtschaftliche Funktion. Der Ort Tylissos könnte wichtiger Drehpunkt zwischen Knossos und dem Psiloritis-Massiv gewesen sein, das sich durch ein hohes Holzvorkommen auszeichnet.

Agia Triada:

Der Palast wurde 1902 entdeckt. Ursprünglich dachte man, dass es sich um eine Nekropole von Phaistos handle.[21] (Pedley & Dorl, 1993)Agia Triada liegt auf einem kleinen Hügel, der 60 Meter an Höhe erreichte. Agia Triada konnte leicht von Phaistos und von Kommos erreicht werden. In Kommos war der Hafen. Agia Triada ist der moderne Name, der minoische Name ist nicht bekannt. Eine neolithische Vorgängersiedlung oder ein Vorgängerbau konnten nicht nachgewiesen werden. Agia Triada besteht aus Tumuli und einem Teil eines Palastes der Neupalastzeit. Der Palast wurde um 1600 v. Chr erbaut. Der Palast unterscheidet sich von Knossos, Malia und Phaistos dadurch, dass die Gebäudetrakte nur locker zusammenhängen. Es hat einen I-förmigen Grundriss. Der Palast war zweigeschoßig. Möglicherweise wurde der Palast oder die Villa in einer Zeit erbaut, als der Palast von Phaistos gerade nicht benutzt worden ist.[22] Die Villa wurde Mittelpunkt für die Administration des umliegenden Landes. 147 Linear A Täfelchen wurden in Agia Triada gefunden, ca. 1000 Siegeln, die sich vorwiegend mit Produkten und Menschen beschäftigen und erst in zweiter Linie mit Tieren und Textilien. Die Personen die genannt werden, sind wahrscheinlich Bronze-Schmiede und werden in Verbindung mit landwirtschaftlichen Produkten genannt. Vermutlich handelt es sich bei der Aufzählung in den Täfelchen um Essens-Rationen.[23]

Im Palast wurden sehr viele reiche Funde gemacht, ein Hinweis, dass dieser Palast möglicherweise bedeutender war als Phaistos. Um 1450 wurde der Palast zerstört und auf den Ruinen unmittelbar danach ein neuer Palast errichtet, der schon aus der mykenischen Epoche der minoischen Zeit stammt. Interessant ist, dass sich aus dieser Zeit nicht unweit des Palastes Reste einer Agora finden haben lassen. Es ist somit der früheste Beweis eines minoischen Marktplatzes.

Agia Triada ist mit Phaistos verbunden gewesen.

Phaistos:

Es gab hier - wie auch in Knossos - bereits einen früheren Palast, der zerstört und neu errichtet wurde. Beim alten Palast war der Westflügel instabil, so wurde bei der Errichtung des neuen Palastes der Westflügel weiter nach Osten verlegt.[24]

Der neue Palast lag recht isoliert da und kostbare Funde wurden nicht gemacht. Um 1450 wurde auch

---

[21] La Rosa, 495
[22] La Rosa, 499
[23] La Rosa, 500
[24] Fitton, 65

dieser Palast durch Feuer zerstört und nicht wiederaufgebaut.

Auch die Ostseite begann im Laufe der Zeit zu zerfallen. Ursprünglich gab es drei Zugänge, jeder führte in einen Palasthof. Der Palast war auf unterschiedlichen Höhen angelegt. Im Westen des Palastes findet sich der Westhof, der – ähnlich wie in Knossos – von Prozessionswegen durchzogen ist. Da sich beim Westhof Stufen finden, wurde der Hof möglicherweise für religiöse Riten oder Theateraufführungen benützt. Auch das ist eine Gemeinsamkeit mit Knossos.

Spannend am Palast von Phaistos ist die Freitreppe, die vom Westhof in ein Propylon führt. Das Propylon führt jedoch wider Erwarten nicht in einen Thronraum oder ähnliches, sondern mündet in einen Lichtschacht, von wo man durch einen Gang weiter zum Zentralhof gelangt.

Im Weste liegen auch Magazinräume – eine weitere Ähnlichkeit zu Knossos. Hier sind sie jedoch durch eine Vorhalle mit dem Zentralhof verbunden. Die Vorhalle könnte auch als Archiv gedient haben, da in dieser 7000 Siegelabdrücke gefunden worden sind.[25]

Auffällig in Phaistos ist, dass der Westflügel durch einen Gang in einen Nord- und einen Südteil getrennt wird. Nördlich lagen die Magazinräume, südlich die kultischen Räume. Im südlichen Teil befanden sich nämlich Räume mit Opfertischen und Kultbassins.

Wie auch im Palast von Knossos lagen die Werkstätten im westlichen Teil des Palastes. Es wurde unter anderem ein hufeisenförmiger Ofen für das Metallschmelzen gefunden.

Auch im Südosten der Palastanlage finden sich Räume zur kultischen Nutzung. In einem Kultbassin wurden Trankspendengefäße gefunden.

Direkt nördlich an den Zentralhof schließen die Privaträume an. Hinter dem Eingang führt eine Treppe ins Obergeschoß. Man kommt in einen Nordhof, an den sich die Privaträumlichkeiten anschließen. Die Gemächer liegen erhöht. Das Megaron der Königin ist gänzlich mit Alabaster verkleidet, als Lichtquelle dient ein Atrium. Das Megaron der Königin ist mit Bänken auegestattet, die entlang der Wände angebracht sind.

Dahinter ist das Megaron des Königs zu finden, das in zwei Teile geteilt wurde, wobei ein Teil eine Vorhalle war, von der aus man einen wunderbaren Blick auf das Ida Massiv hatte.[26] Das Megaron des Königs hatte einen Wachraum im nördlichen Teil. Angrenzend an das Megaron des Königs war ein Kultbassin (=Lustralbecken) mit dahinter liegender Toilette.

Im Nordosten des Palastes sind einige Räumlichkeiten zu finden, die noch dem alten Palast zugehörig sind. In diesen Räumen wurde unter anderem der Diskos von Phaistos gefunden.

In der minoischen Zeit ist der Ort wohl mit dem auf Linear B gefundenen Namen paito gleichzusetzen.[27]

In der Nähe zum Palast fanden sich keine bedeutenden Gebäude.

Das Territorium, für das Phaistos verantwortlich war, erstreckte sich von der Messara Hochebene, die als Kerngebiet gilt, bis zum Ida Massiv im Norden. In diesem Gebiet befand sich einerseits die

---

[25] Schneider, 168
[26] Schneider, 170
[27] Schneider, 165

Hafenstadt Kommos und andererseits d e Kamares Höhle. Von Phaistos für eine Straße nach Norden.

Der erste Herrscher der Stadt war Rhadamantys, der Bruder des König Minos. Ein weiterer bekannter König, der die Stadt in den trojanischen Krieg geführt hat, war Idomeneus.

Kommos:

Es handelt sich um eine Stadt, die im Süden Kretas liegt. Die Bevölkerung lebte von Landwirtschaft und Fischerei. Die Stadt hatte 1,5 Hektar. Eine Hauptstraße führt durch die Stadt direkt zum Meer und teilt die Stadt in zwei Bereiche. Eine Menge an Fischhacken wurde in der Stadt gefunden. Diese Stadt wurde als Hafen für Phaistos und Agia Traida genutzt. Es handelt sich um eine nicht windgeschützte Bucht, deswegen mussten die Schiffe bei Wind an den Strand gezogen werden und konnten nicht vor Anker gehen.[28]

Die Stadt ist um einen Hügel erbaut und ist in einen höheren und einen tieferen Teil unterteilt. Im tiefer liegenden Teil sind Häuser aus großen bis zu 3,50 Meter hohen Steinblöcken ergraben worden. Dabei handelt es sich um die größten auf Kreta bisher gefundenen. Erstaunlich ist auch, dass sich zwei Tempeln rekonstruieren lassen. Der erste Tempel entstand um ca. 1000 v. Chr. und ist somit der älteste Tempel auf Kreta. Der Tempel war sehr schlicht und rechtwinkelig. Der Eingang war im Osten. Im Inneren befand sich eine Feuerstelle. Der zweite Tempel ist jünger und auf das 8 Jahrhundert datiert. Auch dabei handelt es sich um einen Rechteckbau, im Inneren befinden sich eine Feuerstelle und ein Mittelpfeiler sowie Wandbänke.

Malia:

Malia liegt im Gegensatz zu Knossos und Phaistos direkt in einer Ebene am Meer.

Das Stadtgebiet von Malia ist besser erforscht als das von Knossos und Phaistos. Es nennt sich auch Quartier Mu und besteht aus zwei Gebäude mit den Werkstätten. Die Gebäude sind aus Lehmziegel und haben ein Obergeschoß, in dem sich vermutlich Archivräume befunden haben.[29] Die beiden Gebäude sind durch einen Hof miteinander verbunden. Sehr aufschlussreich sind die Werkstätten, die aufgrund der noch gefundenen Formen auf die Art der Herstellung Rückschlüsse ziehen lassen. In einer Werkstatt wurden Siegelsteine hergestellt. Man fand eine Unmenge an Bergkristall und Steatit sowie einige leere Ziegel, Abfallprodukte und Werkzeug. Der Raum war 3*3 Meter und bot Platz für drei Handwerker.[30]

In einer weiteren Werkstatt wurde Keramik hergestellt. Man fand die dazugehörigen Modellformen u.a. Hörner für Wildziegen und für Muscheln. Diese Werkstatt scheint sich daher auf religiöse Sonderwunschanfertigungen spezialisiert zu haben[31] Interessanterweise fehlt ein Brennofen. Offenbar sind die Modelle an einem anderen Ort gebrannt worden, jedoch lässt sich der Raum aufgrund der gefundenen Töpferscheibe sicherlich als Werkstatt identifizieren.

Eine weitere Werkstatt war für die Bronzeverarbeitung zuständig - auch hier fehlen die Öfen und wieder eine andere zeigt Spuren der Knochenverarbeitung.[32]

Die Werkstätten sind gleichzeitig als Wohnräume gedacht. In der Altpalastzeit war das Quartier Mu

---

[28] Schneider, 172
[29] Finley, 70
[30] Finley, 72
[31] Finley, 72
[32] Finley, 72

nicht mit dem Palast verbunden und stellt eine eigene Einheit dar. Ob diese Werkstätten daher dem Palast unterstellt waren oder eigenständig agierten parallel zur Produktion im Palast, kann leider nicht mit Sicherheit gesagt werden.

Malia gleicht in vielen Dingen dem Palast von Knossos. Der Westhof wird beispielsweise von Prozessionswegen durchzogen. Die Magazintrakte befinden sich ebenso im Westen. In Malia einmalig ist der gefundene Kernos aus Kalkstein mit einer Mulde und 34 Einkerbungen am Rand. Möglicherweise handelt es sich um einen Opferstein.[33] Unmittelbar hinter dem Kernos findet sich ebenfalls eine Treppe wie sie auch aus Knossos und Phaistos bekannt ist.

Auch der Zentralhof ist von den Palästen aus Knossos und Phaistos bekannt, auch wenn er in Malia ein weniger kleiner ist. Dieser Zentralhof hat jedoch direkt in der Mitte eine überdachte Brandopfergrube, auf dem ein Rost aufgelegt werden konnte. Möglicherweise wurden hier Opfertiere verbrannt. Die Brandopfergrube liegt in der Achse von einer minoischen Halle, die aufgrund der Einritzungen der Doppelaxt als kultischer Raum interpretiert wurden. Bestätigt werden kann dies dadurch, dass im Raum dahinter verbrannte Tierknochen gefunden worden sind, auch Bänke sind in diesem Raum zu finden.

Es finden sich auch hier Treppen in das Obergeschoß und ein möglicher Thronsaal, da sich in einem Raum westlich des Zentralhofes in der Nähe der minoischen Halle eine rechteckige Steinplatte am Boden befindet. Diese Steinplatte konnte das Podest für den Thron gewesen sein.

Im Nordwesten des Palastes fanden sich das Megaron des Königs mit dem Kultbassin. Auch hier ist somit ein ritueller Bezug gegeben.

Im Osten des Zentralhofes findet sich die Magazinräume, wobei im Fußboden Rillen sind, um verschüttete Flüssigkeiten auffangen zu können.

Das Einflussgebiet von Malia erstreckt sich von Gournia im Westen bis zum Isthmus von Ierapetra im Osten und im Süden bildetet die Stadt Ierapetra die Grenze.

Gournia:

Die Reste der Stadt liegen auf einem Hügel zwischen Agios Nikolaios und Ierapetra.

Die Stadt wurde damals – und das ist auch heute noch sehr gut sichtbar – von Straßen durchzogen, die die Stadt in die verschiedenen Viertel teilen. Die Häuser sind terrassenförmig angelegt und sind durch Treppen verbunden. Schneider[34] vermutet, dass die Häuser – ähnlich wie in Catal Hüyük – teilweise durch Treppen vom Dach her bestiegen worden sind. Die Außenmauern sind sehr kompakt mir großen Quadern erbaut, die Mauern im Inneren aus kleinen Steinen.

Auch in dieser Stadt gab es bereits ein gut funktionierendes Wassersystem.

Am obersten Punkt der Stadt wurden Treppen gefunden. Da man dieses Element aus den Palästen von Knossos, Malia und Phaistos kennt, geht man auch hier davon aus, dass diese für Zuschauer von rituellen Riten gedacht waren. Direkt daneben befindet sich ein größerer Komplex, der kultische und administrative Elemente in einem vereint. Möglicherweise handelt es sich um einen Palast.

---

[33] Schneider, 200
[34] Schneider 225

Palaiokastro:

Hier findet sich die größte minoische Stadt. Sie liegt direkt am Meer. Die Stadt wird durch geradlinige Straßen in unterschiedliche Bezirke unterteilt und erinnert an eine planmäßig angelegt Stadt. Viele Häuser verfügen über eigene Zisternen. Die Außenmauern bestehen aus großen Quadern, die Innenwände sind meist aus Mauern, die mit Lehm verputzt sind. Ein Haus, das besonders hervorsticht und als Palast bezeichnet werden kann, fehlt. Die Stadt wurde – wie so viele andere – um 1450 v. Chr. durch Feuer zerstört und wiederaufgebaut. Nun waren die Straßen gepflastert und hatten Entwässerungskanäle. Auch diese Stadt wurde durch ein Erdbeben um 1570 zerstört und wiederaufgebaut. Dieses Mal wurden unter anderem die Straßen mit buntem Gestein gepflastert. Um 1500 wurde die Stadt durch mehrere Tsunamis aufgrund des Vulkanausbruches auf Thera heimgesucht. Auch eine Ascheschicht lässt sich auf den Gebäuden feststellen. Die Stadt wurde jedoch wiedererrichtet. Die Häuser waren zweigeschoßig und hatten teilweise Peristylhöfe und eigene Zisternen. Endgültig verlassen wurde die Stadt um 1200 v. Chr.

Ein bedeutender Fund ist der Kourous von Palaiokastro. Es handelt sich um eine Statue, bei der Teile des Rumpfes fehlen. Die Augen sind aus Bergkristall, der Körper ist aus Elfenbein von Flusspferdezähnen. Sie ist 54 cm hoch und es sind Brandspuren zu erkennen. Die Teile der Statue waren weit verstreut am Grabungsgelände und sind daher auch erst Stück für Stück gefunden worden. Aufgrund der unüblichen weiten Verteilung der Stücke geht man von einer menschlichen Einwirkung aus. Da die verwendeten Materialen sehr teuer waren, ist es sehr wahrscheinlich, dass es sich um eine Götterstatue handelt.

Kato Zakros:

Ursprünglich wurde nur die Stadt erbaut, wobei in er Mitte ein Platz ausgespart wurde. Erst danach entstand der Palast. Im Gegensatz zu den anderen Palästen ist dieser hier sehr klein und eng mit den darum herumliegenden Häusern verbunden. Er nimmt also keine Sonderstellung ein. Der Aufbau des Palastes ist sehr ähnlich den anderen. Die Räume gruppieren sich um einen Zentralhof. Räume wie das Megaron des Königs oder Werkstätten und Lagerräume sind auch hier zu finden. In den Werkstätten wurden Baumsägen aus Bronze gefunden. Möglicherweise fällte man Bäume, um Holz für die Schiffe zu haben.[35]

Im Südwesten finden sich jedoch Räume die in anderen Palästen fehlen: die Schatzkammer.[36] In einer Truhe wurden unter anderem Objekte aus Elfenbein und Bergkristall gefunden. Der Trakt, in dem die Schatzkammer liegt, ist nicht nur für die Aufbewahrung dieser Gegenstände gedacht gewesen, sondern auch für die Herstellung – nur so ist die danebenliegende Werkstatt zu erklären.

Auch hier gibt es ein Lustralbecken, in dem eine Amphore mit verkohlten Früchten gefunden worden ist.

Auch der Raum, der im Nordteil des Palastes liegt, und als große Pfeilerhalle gedeutet wird, lässt aufgrund einer Herdstelle mit gefundenen Tierknochen auf eine kultische Benützung schließen.

---

[35] Schneider, 243
[36] Schneider, 242

Die nahegelegene Schlucht diente als Begräbnisstätte seit dem 3. Jahrtausend v. Chr. Die Gräber sind in Höhlen zu finden.

Möglicherweise ist der Ort mit der minoischen Stadt Dikta gleichzusetzen.[37]

---

[37] Huxley, 85-87

Literaturverzeichnis

Hazel, M. G. (2000). *Lexikon der antiken Mythen und Gestalten.* München: DTV.

L., H. G. (1966). The Ancient Name of Zakros. *Greek, Roman and Byzantine Studies Vol. 8*, 85-87.

Lambert, S. (2006). *Kreta. 5000 Jahre Kunst und Kultur: Minoische Paläste, byzantinische Kapellen und venezianische Stadtanlagen.* Ostfildern: DuMont.

Lesley, F. (2004). *Die Minoer.* Stuttgart: Theiss.

Marija, G. (kein Datum). The Minoan Religion in Crete. *The Living Goodesses*, 131-150.

Pedley, J. G., & Dorl, C. (1993). *Griechische Kunst und Archäologie.* Abgerufen am 18. 1 2020

Robert, G. (1955). *Griechische Mythologie.* Hamburg.

Vicenzo, L. R. (2012). Phaistos. In C. Eric. *The Oxford Handbook of the Bronze Age Aegaen* (S. 495-508).